Coloring Books for Grownups

LOTERIA

VISIT TODAY
ILoveColoringBooksForAdults.com
TO WIN A SET OF PREMIUM COLORED PENCILS

Chiquita publishing

Cover and page design by Cool Journals Studios - Copyright 2015

23

EL COTORRO

5

LA SIRENA

EL VALIENTE

33

EL SOLDADO

1 EL DIABLITO	47 LA CHALUPA	41 LA CALAVERA	52 EL ARPA
36 EL MUNDO	48 EL PINO	42 LA CAMPANA	53 LA RANA
31 EL MUSICO	49 EL PESCADO	43 EL CANTARITO	44 EL VENADO
46 LA CORONA	50 LA PALMA	51 LA MACETA	45 EL SOL

44

EL VENADO

13

LA MUERTE

47

LA CHALUPA

52

EL ARPA

EL CATRIN

28

EL TAMBOR

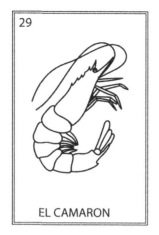

29

EL CAMARON

30

LAS JARAS

7

LA BOTELLA

23

EL COTORRO

24

EL BORRACHO

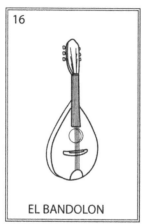

16

EL BANDOLON

2

LA DAMA

19

EL PAJARO

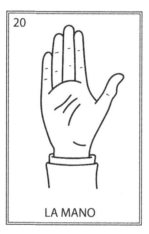

20

LA MANO

11

EL VALIENTE

37

EL APACHE

14

LA PERA

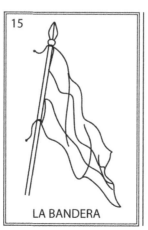

15

LA BANDERA

6

LA ESCALERA

32

LA ARAÑA

28

EL TAMBOR

29

EL CAMARON

37

EL APACHE

31

EL MUSICO

45

EL SOL

50

LA PALMA

53

LA RANA

LA BOTELLA

39

EL ALACRAN

22

LA LUNA

26 EL CORAZON	27 LA SANDIA	8 EL BARRIL	9 EL ARBOL
21 LA BOTA	22 LA LUNA	3 EL CATRIN	4 EL PARAGUAS
17 EL VIOLONCELLO	18 LA GARZA	38 EL NOPAL	39 EL ALACRAN
12 EL GORRITO	13 LA MUERTE	33 EL SOLDADO	34 LA ESTRELLA

24

EL BORRACHO

16

EL BANDOLON

17

EL VIOLONCELLO

18

LA GARZA

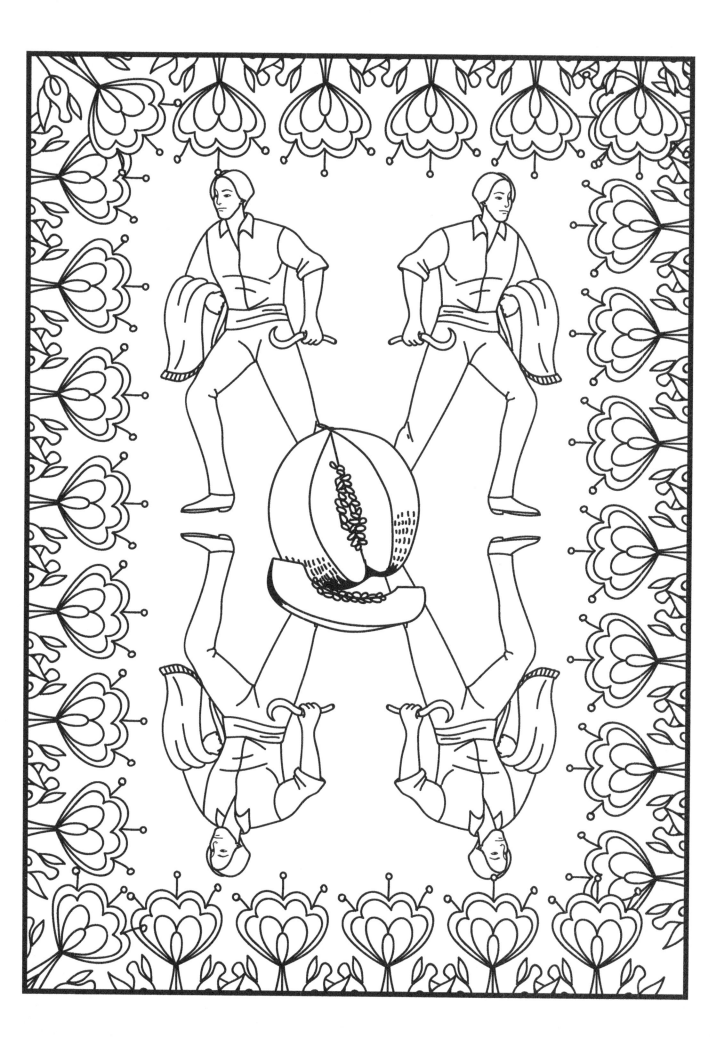

19

EL PAJARO

LA DAMA

26

EL CORAZON

27

LA SANDIA

10 EL MELON	21 LA BOTA	47 LA CHALUPA	24 EL BORRACHO
5 LA SIRENA	3 EL CATRIN	48 EL PINO	20 LA MANO
40 LA ROSA	18 LA GARZA	53 LA RANA	37 EL APACHE
35 EL CAZO	27 LA SANDIA	51 LA MACETA	19 EL PAJARO

LA BANDERA

LA ESCALERA

EL DIABLITO

41

LA CALAVERA

32

LA ARAÑA

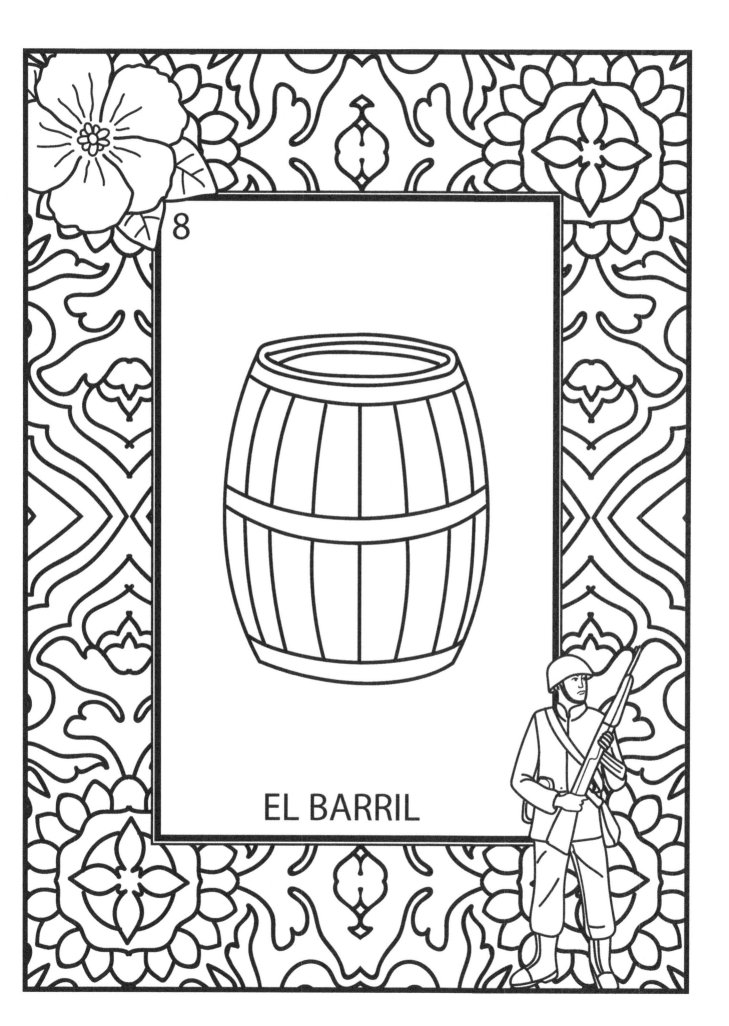

8

EL BARRIL

EL ARBOL

EL MELON

15 LA BANDERA	12 EL GORRITO	42 LA CAMPANA	33 EL SOLDADO
16 EL BANDOLON	38 EL NOPAL	44 EL VENADO	2 LA DAMA
31 EL MUSICO	9 EL ARBOL	6 LA ESCALERA	1 EL DIABLITO
14 LA PERA	30 LAS JARAS	13 LA MUERTE	46 LA CORONA

Made in the USA
Coppell, TX
09 January 2023